AF150742

BEI GRIN MACHT SICH IHR
WISSEN BEZAHLT

- Wir veröffentlichen Ihre Hausarbeit,
  Bachelor- und Masterarbeit

- Ihr eigenes eBook und Buch -
  weltweit in allen wichtigen Shops

- Verdienen Sie an jedem Verkauf

Jetzt bei www.GRIN.com hochladen
und kostenlos publizieren

Lisa Beutner

Schostakowitsch-Violinkonzert op.77/99

GRIN Verlag

Bibliografische Information der Deutschen Nationalbibliothek:

Die Deutsche Bibliothek verzeichnet diese Publikation in der Deutschen National-
bibliografie; detaillierte bibliografische Daten sind im Internet über http://dnb.d-
nb.de/ abrufbar.

Impressum:

Copyright © 2011 GRIN Verlag GmbH
Druck und Bindung: Books on Demand GmbH, Norderstedt Germany
ISBN: 978-3-656-36467-2

Dieses Buch bei GRIN:

http://www.grin.com/de/e-book/200417/schostakowitsch-violinkonzert-op-77-99

1   Vorwort

Dmitri Schostakowitsch war Zeit seines Lebens ein interessanter und umstrittener Komponist. Ihn zeichneten Gegensätze aus wie keinen anderen. So war er zum Beispiel „im allgemeinem verschlossen, auf einmal jedoch unverhofft offen" oder „meist anscheinend zerstreut und dann plötzlich überraschend konzentriert"[1].

Die Widersprüche zogen sich durch sein gesamtes Leben. Er selbst äußerte oftmals Dinge, von denen er später das komplette Gegenteil behauptete, doch auch besonders in seiner Beziehung zu Stalin blieb er vielen ein Rätsel. Wer glaubte, er sei ein Verfechter dieses Regimes gewesen, musste seine Meinung spätestens mit der Veröffentlichung der „Zeugenaussagen" durch Solomon Wolkow korrigieren, in welcher sich etliche Belege für das genaue Gegenteil finden lassen. Aus diesem Grund fürchtete der Komponist Zeit seines Lebens die Repressalien Stalins, stand Todesängste aus und war hin und her gerissen zwischen dem publik-Machen seiner Eindrücke und der Unterordnung aus Existenzgründen. Stalin verurteilte und mochte seine Musik zugleich. So verließ er die Aufführung der Oper Lady Macbeth in der Pause und initiierte danach einen niederschmetternden Artikel: „Chaos statt Musik". Doch wurden auch mehreren Werken Schostakowitschs der Stalinpreis verliehen, unter anderem seinem Klavierquintett.

Der Diktator konnte tun und lassen was er wollte. Schostakowitsch war ein Werkzeug, das ihm helfen, ihn jedoch auch verletzen konnte. Freund wie Feind.

Aus diesem Grund beschränkte sich der Komponist vorerst angeblich auf die Vertonung der russischen Geschichte in der Mitte des 20. Jahrhunderts unter ausgesprochen detaillierter Darstellung der Gefühle des russischen Volkes. „Um die Geschichte unseres Landes zwischen 1930 und 1970 nachzuleben, reicht es aus, die Sinfonien von Schostakowitsch zu hören. [...] Gottfried Blumenstein bezeichnet sein Werk als „apokalyptischen Soundtrack zum 20. Jahrhundert."[2]

Später jedoch weisen seine Kompositionen, zu welchen auch das erste Violinkonzert gehört, eindeutig autobiografische Bezüge auf. Er selbst weigerte sich Memoiren zu schreiben und antwortete auf Anfragen: „Hören Sie doch meine Musik, da ist alles gesagt."[3], jedoch äußerte er sich nie zu seinen Werken.

In der folgenden Arbeit wird der Versuch unternommen anhand des ersten Violinkonzertes a-Moll op.77 seiner Aufforderung zu folgen.

---

1   Meyer, Krzysztof (1983): Dmitri Schostakowitsch. Erfahrungen. Aufsätze, Erinnerungen, Reden, Diskussionsbeiträge, Interviews, Briefe. Leipzig: Verlag Philipp Reclam, S. 6
2   2. Sinfoniekonzert, Saison 2008/2009. Theater Plauen-Zwickau, Programmheft
3   Ebenda

2   Schostakowitsch - Biografie

Am 25. September 1906 wird Dmitri Dmitrijewitsch Schostakowitsch als Sohn von Dmitri Boleslawowitsch Schostakowitsch und Sofja Wassiljewna Kokoulin in Leningrad geboren. Der Vater ist eines von sieben Kindern eines polnischen Patrioten und zog aus dem sibirischen Exil nach St. Petersburg um dort ein Mathematik- und Physikstudium zu beginnen. Auch die Mutter, welche am St. Petersburger Konservatorium eine Ausbildung zur Pianistin erhielt, stammt ebenfalls aus Sibirien, da sich ihre Vorfahren 1525 „allzu stark im Kampf gegen die Korruption und Demoralisierung innerhalb der orthodoxen Kirchen engagierten"[4] und kurzerhand verbannt wurden. Nicht nur Sofja, die ihren Sohn ab seinem 9. Lebensjahr in die Anfänge des Klavierspielens einweist, ist musikalisch veranlagt. Auch Dmitri Boleslawowitsch „liebte" nach seinem Sohn „die Musik leidenschaftlich und sang gut"[5], jedoch interessiert sich der kleine Mitja nicht, wie andere große Komponisten, schon von klein auf brennend für Musik. Mit dem Erlernen des Klavierspiels versucht sich der junge Schostakowitsch in ersten Kompositionen, in welchen er schon erste Kriegsszenen verarbeitet, z.B. im Klavierpoem „Der Soldat".

Schon ab 1919 studiert Dmitri Dmitrijewitsch am Leningrader Konservatorium bei Alexandra Rosanowa und Leonid Nikolajew Klavier und bei Maximiliam Steinberg, Schüler von Rimski Korsakow, Komposition. Mit dem Tod des Vaters 1922 beginnt Schostakowitsch als Stummfilmpianist die Familie mit zu ernähren. 1925 absolviert er sein Kompositionsstudium mit seiner 1. Sinfonie, welche am 12. März 1926 uraufgeführt wird und ihm sogleich internationale Anerkennung einbringt. Trotzdem beherrschen Schostakowitsch unmittelbar nach dem Abschluss des Konservatoriums Selbstzweifel und schließlich vernichtet er „in einem Anfall von 'Niedergeschlagenheit' [...] fast alle [s]eine Manuskripte..."[6]. In der nächsten Zeit widmet er sich, nach dem erfolgreichen Ablegen des Examens als Pianist, dem Klavier, gibt noch bis 1930 Klavierabende und spielt als Solist in diversen Sinfoniekonzerten, entscheidet sich aber 1927 doch für die Laufbahn als Komponist und schließt viele internationale Bekanntschaften, z.B. mit Milhaud und Hindemith. 1932 wird er Vorstand der Leningrader Abteilung des Sowjetischen Komponisten Verbands, heiratet im Nina Warsar und stellt seine Oper „Lady Macbeth" fertig, welche weltweit große Erfolge feiert, doch Stalin derart abstößt, dass dieser 1936 in der „Prawda" den Artikel „Chaos statt Musik" initiiert, „der

---

4   Meyer, Krzysztof (1995): Dmitri Schostakowitsch. Sein Leben, sein Werk, seine Zeit. Taschenbuchausgabe 1998. Mainz: Schott Musik International, S. 21
5   Streller, Friedbert (1982): Dmitri Schostakowitsch. Für Sie porträtiert. Originalausgabe. Leipzig: VEB Deutscher Verlag für Musik, S. 6
6   Ebenda, S. 10

Schostakowitsch in Todesängste stürzt."[7] Dmitri Dmitrijewitsch erlangt sein Ansehen durch die 5. Sinfonie und sein Klavierquintett zurück, wobei er für Letzteres 1941 den Stalin Preis erhält. Ab 1939 ist er als Professor am Leningrader Konservatorium tätig und wird 1947 zum Vorsitzenden des Leningrader Komponisten Verbands gewählt, verliert jedoch ein Jahr darauf, am 10. Februar, alle Ämter, da die Kritik von 1936 wieder aufgegriffen und er wegen Formalismus verurteilt wird und gerät so in eine finanzielle Notlage. Am 24. März des gleichen Jahres stellt er sein erstes Violinkonzert mit der Opusnummer 77 fertig, welches er jedoch erst in der „Tauwetter"-Periode, welche mit dem Tod Stalins 1953 beginnt und Schostakowitsch sowie anderen Komponisten die Gelegenheit bietet bisher verpönte Werke zu veröffentlichen, unter der Opusnummer 99 1955 mit David Oistrach an der Solovioline in Leningrad zur Uraufführung bringt. Doch bevor Stalin stirbt, wird Dmitri Dmitrijewitsch 1949 wieder rehabilitiert und erlangt 1950 erneut einen Stalinpreis für seine Filmmusik „Der Fall von Berlin" und das „Lied von den Wäldern". 1954 stirbt seine Frau an Krebs, das Jahr darauf seine Mutter. Er heiratet 1956 Margarita Kainova, eine Komsomol Aktivistin. Im Mai 1958 zeigen sich mit Lähmungen der rechten Hand erste Symptome einer neurologischen Erkrankung, welche dann 1959 als eine unheilbare chronische Entzündung des Rückenmarks diagnostiziert wird. Für seine 9. Sinfonie erhält er 1958 den Leninpreis. Nach der Scheidung von Margarita Kainova 1959, heiratet er 1962 Irina Supinskaya, eine Literatur Verlegerin. Ab 1965 häufen sich die Krankenhausaufenthalte Schostakowitschs. Er erleidet 1966 einen ersten, 1971 einen zweiten Herzinfarkt. 1972 erkrankt er an Lungenkrebs, den er mit einer Radiotherapie bekämpft. Nach der Fertigstellung der Violasonate C-Dur, op. 147 im Juli, stirbt er am 9. August an Herzversagen im Krankenhaus in Moskau.

Dmitri Dmitrijewitsch wird nach seinem Tod als „parteitreuer Staatskomponist" gefeiert. Doch als Solomon Wolkow Ende der siebziger Jahre Gespräche Schostakowitschs unter dem Titel „Zeugenaussagen" veröffentlicht, wird deutlich, dass der Komponist sehr viel mehr Seiten an sich hatte. So schreibt Jewgeni Alexandrowitsch Mrawinsky: „Schostakowitsch blieb bis zu seinem Tode eine rätselhafte Figur. Die meisten Menschen [...], die ihn fast täglich sahen, wussten von ihm in gewissem Sinne weniger als über Goethe oder Michelangelo. Allen war klar, dass man seinen offiziellen Sprüchen zu 99 Prozent nicht glauben konnte."[8]

---

7   „Dimitri Schostakowitsch – Biografische Notizen". URL: http://www.schostakowitsch.de/Seiten/Schostakowitsch.htm [Stand: 03.10.2011]
8   2. Sinfoniekonzert, Saison 2008/2009. Theater Plauen-Zwickau, Programmheft

3   Konzert für Violine und Orchester Nr. 1 a-Moll op.77

3.1   Allgemeines

Erste Niederschriften für das a-Moll-Konzert entstanden 1947. Wahrscheinlich beschäftigte sich Schostakowitsch aber schon eher mit dem Gedanken, in Anlehnung an das Violinkonzert seines Freundes Schebalin, welches ihn stark beeindruckte. Es ist im Prinzip eine Sinfonie für Geige und Orchester, dem entsprechend lässt sich im zweiten Satz – dem Scherzo, welches David Oistrach als „dämonisch" bezeichnete und auch allgemein als „Tanz der Dämonen" angesehen wird, eine Sonatensatzform erkennen. Der vorausgehende erste Satz – eine Nocturne - wird von dem ersten Interpreten des Konzertes als „Unterdrückung von Gefühlen" charakterisiert. Am Anfang noch träumerisch wird die Musik immer aktiver, letztendlich sogar heroisch. Im dritten Satz, der Passacaglia, mündet die im zweiten Satz entwickelte Tatkraft in dramatische Intensität und Gewalt. Mit der monologisch wirkenden Kadenz, welche Schostakowitschs Ansicht die Geige sei ein monologisches Instrument widerspiegelt, leitet der Komponist in einen von Lebensfreude sprühenden vierten Satz – die Burleske, in welcher Elemente russischer Volksmusik erkennbar sind.

3.2   Opuszahl

Ursprünglich entstand das Violinkonzert unter der Opusnummer 77. Doch aufgrund der allgemeinen Ächtung Schostakowitschs 1948 und des daraus resultierenden Scheiterns der Uraufführung versteckte der Komponist sein Werk vorerst und publizierte es erst in der „Tauwetter"-Periode – nach dem Tode Stalins – unter der Opusnummer 99. Die Uraufführung fand schließlich 1955 mit David Oistrach an der Solovioline und der Leningrader Philharmonie unter der Leitung von J. Mravinsky statt. Es existieren verschiedene Meinungen, ob der Komponist zwischen der Fertigstellung der Komposition und der letztendlichen Uraufführung Veränderungen an seinem Werk vornahm. Schostakowitsch äußerte sich dazu nicht. Für die Überarbeitung spricht die Verwandtschaft mit der 10. Sinfonie. Dagegen die Nähe zu zahlreichen Kompositionen der Nachkriegszeit. Allerdings schreibt Krzysztof Meyer einige Jahre später in „Schostakowitsch – Sein Leben, sein Werk, seine Zeit", dass es sich in Wirklichkeit, entgegen allen Äußerungen um ein und dasselbe Werk handele und die einzige Veränderung in der Umorchestrierung einer Stelle im Finale sei.

Heute wird das Werk hauptsächlich unter der Opuszahl 77 geführt, allerdings gibt es immer wieder Abweichungen.

3.3   Besetzung

Für das Konzert ist die folgende Instrumentation vorgesehen: Piccoloflöte, 3 Flöten, 3 Oboen, Englisch-Horn, 3 Klarinetten, 2 Fagotte, Kontrafagott, 4 Hörner, Tuba, Pauke, Tamburin, Tamtam, Xylophon, Celesta, Harfe und Streicher.

3.4   Analyse – zweiter Satz

Das Scherzo des Violinkonzertes ist in eine Sonatensatzform gegliedert. Diese Kompositionsform aus der Klassik verwendete Schostakowitsch auch in vielen anderen Werken, was ihn in die Epoche des Neoklassizismus einordnen lässt. Dem Begriff des Scherzo entsprechend steht es im 3/4-Takt mit der Tempobezeichnung „Allegro". Zu Beginn der Exposition stellt Schostakowitsch zwei Themen in b-Moll und Dur vor. Eines in der Solovioline bis Takt 8, dagegen das zweite in der ersten Flöte und der Bassklarinette im Dreioktavabstand ebenfalls bis Takt 8.

Das erste Thema umfasst schlicht 3 Töne (b – g – c) die vom Solisten markant und akzentuiert, immer neu mit Abstrich ansetzend gespielt und von großen Pausen (eine Achtel bei Auftakten wie in Takt sechs, bis zu fünf Achtelnoten wie in Takt eins und zwei) getrennt werden.

Abbildung 1: 1. Thema

Das zweite Thema beginnt eine Achtel später. Die Melodie ist fließender und zusammenhängend. Tonschritte wechseln sich taktweise mit Akkordbrechungen ab, wobei erstere vorwiegend gebunden, also legato und letztere Stakkato, kurz und abgesetzt notiert sind. Während der erste Takt die Vorzeichen der Molltonart besitzt, werden diese ab Takt drei in die der Durtonart umgewandelt. Das heißt, das in b-Moll erklingende as wird zu a, des zu d und ges zu g. Schostakowitsch erreicht mit diesem ungewöhnlichem Wechsel eine ironische schon fast sarkastische Wirkung.

Abbildung 2: 2. Thema

Daraus resultierend wirkt das erste Thema bestimmt und unumstößlich, das zweite jedoch perlend, flüchtend, gegensätzlich und ein wenig gehetzt. Beide Themen kreisen jedoch melodisch um einen Mittelpunkt, sodass sie beide im Grundton enden. Im ersten

Thema ist dieser mit dem Anfangston in der Oktavlage identisch, das zweite Thema beinhaltet jedoch im zweiten Teil eine abfallende Melodieführung, sodass der Schlusston eine Oktave unter dem Anfangston liegt.

Nach einem Zwischenteil, in welchem sowohl der Charakter des Themas der Bläser als auch der der Solovioline in den jeweiligen Stimmen erhalten bleibt, wird ab Takt 33 das Thema der Violine nun in den Bläsern wiedergegeben und das Thema der Letzteren von der Solovioline imitiert. Beide Male unverändert in b-Moll bzw. der Varianztonart.

Bis Takt 33 werden anfangs die Themen variiert, in der Solovioline taucht es Takt 17 – 23 fast identisch mit den ersten Takten noch einmal auf, während in der ersten Flöte und der Bassklarinette das Thema bzw. die Themenköpfe und Motive (siehe Notentext im Anhang) durch mehrere Tonarten gejagt werden. Ab Takt 25 verlässt die Violine ihre bisherige Klangfarbe, spielt anfangs noch stark auf die eins akzentuierte Töne ohne Pausen, ab Takt 29 Sechzehntelketten und kurze Achtel, die schließlich Takt 33 in das Thema der Bläser am Anfang münden. Parallel zu der Violine beginnen die Bläser sich zum Thema der eben genannten hinzuarbeiten. Ab Takt 29 übernehmen sie die kurzen, durch Pausen getrennten Achtel der Solovioline bis sie im Takt 33 das Thema 1 übernehmen. Die Themen laufen wieder 8 Takte, dann werden sie moduliert, teilweise dienen im Bläsersatz nur einige Sequenzen oder nur der Charakter eines Themas bzw. Motive, als Einwürfe (z.B. Takt 47 in den Klarinetten). Ab Takt 47 wechselt Schostakowitsch erst in einen 4/8-Takt, einen Takt später wieder zum 3/8-Takt, Takt 49 erklingt ein weiterer 4/8-Takt, gefolgt von einem 2/8-Takt um im Takt 52 wieder zur Ausgangstaktart zurückzukehren. Schostakowitsch baut hier mit dem Springen von geraden in ungerade Taktarten eine Unebenheit ein, die den Besucher für einen Moment verwirrt, manchmal sogar den Faden verlieren lässt. Durchgängig wird das zweite Thema in der führenden Solovioline variiert bis sie im Takt 58 dieses Thema sequenziert in der Dominante über b, also f, wiedergibt. Zwei Takte später setzt das erste Fagott mit dem ersten Thema über f ein, nachdem es Takt 54 schon das zweite Thema in der Dominanttonart in Themenköpfen vorwegnimmt. Die beiden Themen stehen sich in den 2 Instrumenten bis einschließlich Takt 63 gegenüber. Danach übernimmt das Fagott die Motive und Themenköpfe des zweiten Themas während die Solovioline aus dem strengen Themenschema ausbricht, im Charakter zwar dem zweiten Thema entspricht, aber den Dialog, der zwischen den Instrumenten entstehen könnte somit scheinbar schlichtweg übergeht. Takt 72 setzen Oboe und Englisch-Horn ein und übernehmen mit dem Fagott eine Begleitfunktion, wobei das Notenbild des

Letzteren ein wenig ruhelos und aufgewühlt wirkt. Erstmals ist ein Piano mit anschließendem Crescendo zum Forte im Takt 84 notiert. Das Spiel der Themen setzt sich fort. Sie durchlaufen sämtliche Tonarten, wobei Schostakowitsch im Takt 84 einen besonderen Schwerpunkt setzt: Zum einem mit dem Erreichen des Fortes, zum anderen mit den unterschiedlichen Tonarten der zwei Themen und der daraus resultierenden Dissonanzen: c-Moll und Dur im ersten Thema in den Fagotten dagegen das cis-Moll bzw. Dur im zweiten Thema der Solovioline. Im 97. Takt setzen mit Celli und Kontrabässen erstmals Elemente des Streicherapparats ein, welche im Takt 99 mit dem zweiten Thema anfangs in es-Moll ihren Einstand geben. Der Solist hält mit dem ersten Thema in der Ausgangstonart dagegen und wird von den Bläsern unterstützt, die auf Grund des Rhythmus diesem Thema entsprechen und in Oktaven klingend as zu spielen haben. Ab Takt 108 tauschen die tiefen Streicher und die Solovioline die Rollen, die Bläser setzen aus. Stattdessen übernehmen ab Takt 115 die restlichen Streicher die Begleitung. Die beiden Themen werden Takt 114 von b nach e sequenziert, um im Takt 121 wieder in der Originaltonart anzukommen, die eine Oktave tiefer gelegt ist als Takt 115. Ab Takt 126 nehmen die Bläser anfangs mit dem Fagott wieder den Kampf mit und gegen die Solovioline auf und leiten mit ihr und Motiven sowie Themenköpfen des zweiten Themas zur Durchführung über.

Diese notiert Schostakowitsch anfangs in H-Dur. Während die Solovioline rhythmisch unverändert ihre letzten Sequenzen aus der Exposition nun als H-Dur Akkord weiterführt, stellen die Bläser mit den Oboen ein drittes Thema vor: „die Tonfolge D-Es-C-H, die Initialen seines Namens – D. Sch. – in deutscher Umschrift und Notenbezeichnung"[9], wobei dieses nach H-Dur transkribiert wird und eine Umkehrung eines [0134] Tetrachordes darstellt.

Abbildung 3: 3. Thema, Teil 1

Diese Tonfolge wird als Thema anschließend noch durch folgendes komplettiert:

Abbildung 4: 3. Thema, Teil 2

9   Wolkow, Solomon (2004): Stalin und Schostakowitsch. Der Diktator und sein Künstler. 1. Auflage. Berlin: Ullstein Buchverlage GMBH, S. 338

Auffällig ist wieder der Gegensatz. Einmal durch Moll-Andeutungen in Dur (z.b. Takt 141: a-Moll) zum anderen durch die unterschiedliche Charakteristik des Rhythmus, wobei der geradlinige, bestimmte der Initialen Schostakowitschs im ersten Teil dem beschwingten, teilweise synkopischen und irgendwie tänzerisch wirkenden des zweiten Teiles gegenübersteht. Auffallend ist, dass im zweiten Teil eine aufsteigende, sowie abfallende Melodieführung existiert, sodass der Tonumfang zwar ein großer ist, das Thema jedoch nur eine kleine Sekunde höher endet, als es beginnt.

Während die Oboen dieses Thema vorstellen, werden sie von Klarinetten und Fagotten begleitet, deren Rhythmus mit dem des Themas übereinstimmt. Die Hörner haben akzentuierte Einwürfe, z.b. im Takt 142 mit Auftakt, die sie gemeinsam mit der Solovioline bringen. Im gesamten ergibt dies eine bizarre Mischung. Die Violine scheint gehetzt. Das Thema der Oboen mit der entsprechenden Untermalung klingt bestimmt, als könne es machen was es wolle, es dominiert. Die atemlos erscheinenden und aufschreckenden Einwürfe der Hörner verstärken den des vom Thema und der Solovioline ausgehenden treibenden Charakter, genauso wie die Beschleunigung des Themas in Takt 150. Es handelt sich hierbei um keine exakte Diminution, da das Verhältnis der Notenwerte nicht gleich bleibt: dis, c und h erscheinen als Achtel-, das e als Viertelnote. Die Begleitung bleibt unverändert, bis die Solovioline im Takt 163 dieses dritte Thema sequenziert nach Dis-Dur übernimmt. Die vorangegangene Achtelbewegung im Staccato und somit Charakter desselben Themas der Bläser läuft nach zwei Takten aus. Wieder übernehmen die Streicher, wobei die ersten Violinen mit den Kontrabässen die Funktion des Treibenden durch die Aufteilung des 3/8tel-Taktes in eine akzentuierte Viertel mit Achtel übernehmen. Ab Takt 69 steigen Fagott und Hörner in die Begleitung ein. Im Fagott sind Achtel notiert, die zusammen mit der Solovioline einen kaum unterbrochenen Achtellauf ergeben, sodass keine Ruhe zustande kommt. Ab Takt 177 wiederholt sich das Spiel annäherungsweise. Das Fagott gibt ab Takt 193 motivisch (siehe Notentext im Anhang) das dritte Thema wieder, während die Solovioline mit einem aufwärts geführten Sechzehntel-lauf, der die Melodie eines Achtelflaufs beibehält, diesen jedoch durch die jeweilige Tonwiederholung als Sechzehntel steigert. Ziel ist der nächste Teil der Durchführung, der wieder in b-Moll steht und mit dem ersten Thema in der Solovioline beginnt, das nun aus ausgehaltenen und akzentuierten Tönen besteht und so eine eindringlichere Wirkung erlangt. Zugleich ertönt das zweite Thema in Oboen, Fagotten und im Streicherapparat, allerdings nicht im ursprünglichen Rhythmus, sondern in Achteln und Pausen – Es wird geradlinig und gewissermaßen starr, nicht zuletzt wegen dem Wechsel zum geraden 2/4-Takt am Anfang diesen Teiles. Doch wirklich Ruhe findet der Zuhörer auch hier nicht, da die Achtelketten nach wie vor nur selten unterbrochen werden. Trotzdem scheint alles still zu stehen. Es gibt kein Vorankommen, es ist nicht möglich eine Richtung zu bestimmen, in welche das Konzert mündet. Im Takt 206 tauschen Orchester und Solist die Rollen. Es folgt ein Wechselspiel, in dessen Verlauf sich Bläser, Streicher und die Solovioline die Themen gegenseitig überreichen. Dabei wird das jeweilige Thema nicht streng in seiner Ausgangsform wiedergegeben (z.b. Solovioline Takt 209 – 212), der Charakter bleibt aber immer entsprechend. Es erklingen verschiedene Verarbeitungen der Themen, so ist z.b. das erste Thema in den Takten 223-225 in Oboen und Klarinetten als Krebs zu finden. Die Variation der Themen wird immer freier, bis sie ab Takt 230 mit den Synkopen der Solovioline immer mehr verflüchtigen. Zusammen mit dem Crescendo baut Schostakowitsch bis zum Takt 250 eine Spannung auf, die nach einer Auflösung schreit. Doch diese kommt nicht. Erneut setzt Schostakowitsch eine Art Stillstand ein, der ab Takt 245 mit dem Beginn eines neuen Crescendos in einen neuen Spannungsbogen mündet, in welchem die Themen, von denen das erste das letzte mal annäherungsweise ab Takt 242 in Oboen, Klarinetten und Violen auftaucht, ganz untergehen. Die letzten Takte in diesem Teil lassen sich eher als Vorwegnahme des nächsten bezeichnen. Die Steigerung wird wieder zum einen durch die Aufwärtsbewegung der Melodie in Violine und den hohen Bläsern, Sechzehntelketten in der Solovioline, die sich hier noch durch extreme Sprünge (bis zu einer Undezime in Takt 254) hervorheben, der Gegen- zu der Aufwärtsbewegung in Fagotten, Celli und Kontrabässen, Akzente und letztendlich den ersten Einsatzes des Schlagwerks durch einen Wirbel des Tamburins unterstützt. Es folgt ein viertes Thema, das für den Zuhörer eine Auflösung der Spannung darstellt, welche statt Fragen zu beantworten wieder neue aufwirft. Langsam wird der unberechenbare, dämonische und sarkastische Charakter des Scherzos deutlich, denn obwohl keines der Themen in sich tragische, depressive oder niedergeschlagene Stimmungen enthält, wirken sie im Zusammenhang oft fehl am Platz oder werden in ihrem Charakter dermaßen beeinflusst, dass ein Gegensatz entsteht, der selten eine Auflösung nach sich zieht. So auch im folgendem Teil, welcher wiederum in einer neuen Tonart steht: e-Moll. Das vierte Thema wird unisono vom Bläsersatz, Fagotte ausgenommen und vom Xylophon vorgestellt. Es klingt leicht und unbeschwert, aber auch ohne die marschähnliche, unbarmherzige und treibende Begleitung, wirkt es in sich selbst durch eine Vielzahl an tonartfremden

Vorzeichen und der nicht zum „eigentlichen" Charakter passenden Moll-Tonart ironisch. Dazu trägt auch die gegensätzliche Rhythmisierung bei: gebundene, schnippische Tonsprünge als Punktierungen stehen dem Aufgang einer kurz gehaltenen, ausbremsenden Achtel-kette in Tonschritten gegenüber.

Abbildung 5: 4. Thema

Die Begleitung des restlichen Orchesters besteht aus unerschütterlichen Vierteln in Fagotten, Pauken, Celli und Kontrabässen und den dazugehörigen Nachschlägen in den hohen Streichern und Tamburin. Erst sie lässt durch den Wechsel der Töne e und g auf e-Moll als Tonart schließen. Die Instrumente, in welchen die Viertel notiert sind, spielen solche ebenfalls unisono und stellen so einen gleichwertigen Gegenpart zum vierten Thema dar. Dieser Kampf tobt bis zur Übernahme des Themas durch die Solovioline in Takt 271. Er gestaltet sich durch ein nochmaliges, nach c sequenziertes Aufgreifen des Themas in den gleichen Instrumenten, während die Begleitung an e-Moll festhält. Die Übergänge, zu Takt 263 und zu Takt 271, sind unterschiedlich gestaltet, doch zeichnen sich durch eine Gegenbewegung der Streicher zu den Bläsern aus, die beim Übergang zu Takt 263 in eine Abwärtsbewegung beider Register mündet, welche bei solchem zu Takt 271 ausbleibt. Beide Male hat dieser Übergang einen chaotischen Charakter, die Musik scheint in sich zusammenzufallen und sich kurz vor dem Boden wieder zu fangen.

Mit Übernahme des Themas der Solovioline, welches nach fis-Moll sequenziert ist, wird die Begleitung spärlicher. Die Streicher übernehmen diese Aufgabe im Pizzicato, sodass die Violine scheinbar, das Umfeld nur am Rande wahrnehmend in einen Monolog vertieft ist. Ab und zu dringen Einwürfe hervor, die die hohen Streicher von den Klarinetten unterstützt im arco umsetzen, doch diese sind nur von kurzer Dauer und verschwinden wieder ins Nichts. Mitten in diesem Thema taucht in den Takten 287/88 ein neues Motiv A auf, welches bis 295 wiederholt und in den letzten Takten mit einem Crescendo gesteigert wird, um in einem Aufschrei der Violine als Oktave über e in akzentuierten Vierteln zu enden. Die Begleitung wird kurzzeitig aktiver, die Bläser setzen in Takt 290 ein, die Oboen imitieren in Takt 299 mit Auftakt ein Motiv (siehe Notentext im Anhang) aus dem vierten Thema. Es scheint, als verfinge sich die Solovioline ab Takt 287 in einem Gedanken, nimmt so ihr Umfeld wahr, wird gestört und versinkt nach einem kurzen Kampf wieder in ihren Monolog, sodass in Takt 303 die Situation wieder zu dem Ausgangspunkt zurück kehrt, der vor dem eingeschobenen Motiv A herrschte.

Abbildung 6: Motiv A

In der Solovioline erklingt das Thema in ais-Moll und wird im weiteren Verlauf etwas belebter variiert. Einen melodischen sowie dynamischen Höhepunkt erreicht sie in den Takten 311 und 312. Anstelle der Streicherbegleitung tritt eine gebundene aufwärts geführte Melodielinie der Klarinetten und Fagotte in Viertel. In Takt 315 werden sie wieder von den Streichern abgelöst, die Solovioline spielt das vierte Thema in c-Moll.

Die Hinleitung zu dem im Mittelpunkt stehenden Fugato fällt weniger spektakulär aus, als diejenigen zu den vorangegangenen Teilen der Durchführung. Die Violine führt am Ende des von ihr gespielten Themas einen kurzen Dialog mit dem Fagott, wobei Letzteres eine Triolen-kette (fes, es, c) in Takt 321 exakt imitiert, welche in den beiden vorangegangenen Takten in der Solovioline viermal erklingt. Letztgenannte greift den Gedanken auf und transponiert dieses Motiv eine kleine Sekunde nach unten. Wieder antwortet das Fagott mit einer Imitation, doch führt den Gedanken diesmal mit Unterstützung des zweiten und dritten Fagotts selbst bis zum Ende des Teils in Takt 328 weiter und wird von einer aufwärts geführten Melodielinie der hohen Streichern unterstützt.

Es entsteht ein kleiner Umbruch, da die Melodie der Streicher abreißt ohne aufgelöst zu werden, Schostakowitsch die Tonart zu b-Moll und die Taktart wieder zum 3/8tel-Takt ändert. In diesem Teil lässt sich ein kompliziertes und ungewöhnlich langes Fugato entdecken, welches mit den beiden ersten Themen der Exposition in der Solovioline beginnt. Dazu halten die Fagotte einen Orgelpunkt auf es bis auf die eins in Takt 332. Beide Themen stehen in der Tonika, also dem Dux. Als nach sieben Takten das erste Thema in der Solovioline endet, führt es das erste Fagott ebenfalls im Dux mit dem dritten Thema weiter, sodass in diesem Fugato diese beiden Themen zu einem verbunden werden (siehe Notentext im Anhang). In Takt 341 spielt die erste Oboe dieses zusammengesetzte Thema und Violen und Celli das zweite in der Dominante, dem Comes, während die Solovioline in den Kontrapunkt übergeht. In Takt 348 sequenziert die Oboe den zweiten Teil ihres Themas eine Terz höher. Im folgenden Takt setzt der Kontrapunkt des ersten Fagotts ein. Die Solovioline greift das zweite Thema und das erste Horn das Zusammengesetzte in Takt 355 jeweils im Dux auf. In Takt 362 wechselt das Horn jedoch zu Des-Dur, der Varianztonart des Dux. Ab Takt 363 werfen die Celli einen variierten (der erste Takt ist eine Umkehrung und Sequenzierung des Ersten des eigentlichen Themas) Themenkopf ein. Mit dem Auslaufen der Themen in Takt 396 beginnt ein Zwischenspiel, in welchem das Horn einen Orgelpunkt mit klingend as aushält, die Solovioline in den Kontrapunkt wechselt und erst die ersten Geigen und Violen und schließlich auch die Celli, Letztere nach einem zwischenzeitlichen Kontrapunkt, Themenköpfe des zweiten Themas zu Gehör bringen. Letztere übernehmen Takt 375 das zusammengesetzte Thema über des, während die Klarinette in der gleichen Tonart Thema 2 wiedergibt. Ab Takt 383 wirft nun wiederum die Solovioline den Themenkopf des zweiten Themas wie die Celli in Takt 363 ein, bis sie das komplette Thema schließlich 388 nach as sequenziert übernimmt. Im gleichen Takt setzt die erste Flöte in der gleichen Tonart mit dem zusammengesetzten Thema ein, wobei der zweite Teil eine Terz nach oben sequenziert wird. In Takt 401 gehen diese beiden Instrumente ohne weitere Begleitung in ein Zwischenspiel in welchem Thema 2 variiert wird. Während die Flöte Takt 407 dieses zweite Thema über g aufgreift und die Violen vom gleichen Ton aus in das zusammengesetzte Thema starten, übernimmt die Solovioline den Kontrapunkt. Der zweite Teil des zusammengesetzten Themas wird in Takt 414 in die Tonika transponiert. Bis Takt 493 setzt sich die Themenverarbeitung weiter fort, in dem die Themen weiterhin durch verschiedene Instrumente gegeben werden, Themenköpfe und Variationen derselben auftreten und dieses Spiel immer wieder durch Zwischenspiele unterbrochen wird. Ab Takt 493 wird ein Thema auf zusehends mehr Stimmen des Orchesters verteilt. Nur die Solovioline steht weiterhin allein. So erklingt in diesem Takt das erste Thema losgelöst vom dritten, also der Themenkopf des zusammengesetzten Themas in Fagotten, Celli und Kontrabass über d. Die Solovioline spielt den Themenkopf des zweiten Themas über dis. Es folgt ein kurzes Zwischenspiel über zwei Takte dann setzen Fagotte, Celli und Kontrabässe mit einer Variation des zweiten Themas ein, zwei Takte später stößt das Kontrafagott dazu, bis in Takt 508 eine Engführung des zweiten Themas beginnt. So setzen Piccolo, Flöten und Oboen auf der zwei des Taktes, die Violinen auf der drei und Hörner, Violen und Celli auf der eins des nächsten Taktes mit dem Dux des zweiten Themas ein. Mit Hörnern, Violen und Celli beginnen die Bassklarinette, Fagotte und Kontrabässe mit dem ersten Thema im Comes, welches wieder losgelöst vom zweiten Teil des zusammengesetzten Themas erklingt, aber dafür in Takt 516 mit Auftakt wiederholt wird und dann in einer Art „Dauerschleife" bis zum Ende der Durchführung erklingt. Darüber entsteht ab Takt 520 im Streichorchester eine erneute Engführung des zweiten Themas über e. Dabei beginnen Violen und Celli auf der zwei des Taktes und jeweils um eine Achtel versetzt folgen die Violinen und zuletzt die Solovioline. Eine Zusammenführung der Stimmen erfolgt im Takt 530. Über dem Grund der Bässe mit dem ersten Thema entsteht ein riesiges Crescendo, welches sich aus Sechzehntelketten, kurzen Achteln, und punktierten Vierteln zusammensetzt. Dieses Crescendo entsteht aufgrund der vorgegeben Dynamik und den Hinzukommen erst der Klarinetten, gefolgt von den Oboen, bis hin über die Flöten zur Piccoloflöte und letztendlich in Takt 545, ein Takt vor der Reprise „Poco più mosso", den Pauken. Doch nicht nur das Crescendo führt zum Schlussteil. Es wird unterstützt durch die Verkürzung der Notenwerte, so ab Takt 539 in allen Instrumenten die das erste Thema spielen. Die punktierten Viertel werden in Achtel- und Viertelnoten umgewandelt – erhalten den schnellen, tänzerischen Charakter. Ab demselben Takt wird dieses Thema durch die restlichen Streicher verstärkt, die dieses beschleunigte Thema um einen Takt versetzt übernehmen.

Ab Takt 546 beginnt wie schon erwähnt die Reprise der Sonatensatzform. Sie steht wieder einmal in ungewohnter Weise nicht in der Tonart der Exposition, sondern der Varianztonart B-Dur und im 2/4-Takt. Als erstes greift die Solovioline im forte fortissimo wieder das vierte Thema auf, welches diesmal jedoch der Tonart entsprechend in Dur steht. Die Instrumentierung, sowohl des Themas als auch der Begleitung, gestaltet sich wesentlich spärlicher als bei dem erstmaligen Auftreten des Themas in der Durchführung. Daraus resultiert ein neuer freundlicher, heiterer Charakter, da nichts forciert, nichts übertrieben wirkt und so, auch mit der neuen Tonart im Gegensatz zu Takt 255 kein sarkastischer Eindruck entsteht. Auch die Einwürfe der Violinen in den Takten 548 und 549 erscheinen nicht mehr bösartig störend sondern spielerisch neckend. Nach dem Ausklingen dieses Themas setzen zu Streichern, Hörnern und Pauke Fagotte und Klarinetten in Takt 554 ein. Es schließt sich ein kurzes Zwischenspiel an, bis in Takt 556 der hintere Teil des dritten Themas in Fagotten, Klarinetten, Violen und Celli auftaucht. Mit Auftakt zu 559 unterstützen auch die restlichen Instrumente dessen Charakter, der hier, losgelöst von der Ausgangsform im 2/4-Takt, in einer geraden Form dargestellt wird. Schließlich mündet Takt 560 dieser Teil in den Anfang desgleichen Themas über fis in denselben Instrumenten. Auch die Begleitung gestaltet sich ähnlich den vorherigen Takten. Mit dem Takt 567 wechselt Schostakowitsch wieder in den 3/8-Takt. Die Solovioline übernimmt nun das dritte

Thema, von den hohen Streichern mit punktierten Vierteln, von Hörnern, tiefen Streichern und Pauke mit dem Rhythmus des Motivs aus dem zweiten Teil desgleichen Themas unterstützt. Takt 575 folgt ein Crescendo, welches durch Motive des vierten Themas, Verkürzungen der Notenwerte z.b. in der Solovioline, Akzente und das Einsetzen der Oboen und Klarinetten in Achtel-läufen in Takt 583 verstärkt wird und auf einen letzten Höhepunkt hinausläuft, der in Takt 587 erreicht wird. Er setzt sich gemäß dem Beginn des Scherzos aus dem ersten und zweiten Thema zusammen, wobei von dem ersten nur der Themenkopf wiedergegeben wird. Diese Aufgabe übernehmen einmal mehr die Bassklarinette, Fagotte, Celli und Kontrabässe: die tiefen Register des Orchesters. Einmal erklingt der Themenkopf in seiner Ausgangsform in der Dominante, ab Takt 592 verwendet Schostakowitsch die letzten drei Töne dieses Themenkopfes in die Tonika sequenziert, um in diesen ab Takt 596 den ersten und zweiten Ton zu vertauschen und erneut zu beschleunigen, indem er aus dem Rhythmus der punktierten Vierteln eine Viertel mit Achtel und als Zielnote die punktierte Viertel kreiert. Dies setzt sich bis zum Ende des Satzes fort. Darüber entsteht eine Engführung des zweiten Themas, welche in Takt 587 mit den hohen Bläsern auf 2 in der Tonika beginnt und in Takt 587 auf der 2 durch die hohen Streicher in der gleichen Tonart ergänzt wird und bis zum Ende durchläuft. Unterstützt wird der Tumult um die Grundtonart ab Takt 588 durch die Solovioline, die in extrem großen Abständen erst eine Sechzehntel eine Oktave über b, dann zwei Sechzehntel das eingestrichene d und das zwei gestrichene b und schließlich wieder eine Sechzehntel lang die Oktave über das zwei gestrichene b bringt, sowie durch die Hörner, die das b bis zum Schluss orgelpunktisch halten und der Pauke, welche ab Takt 593 das b jeden zweiten Takt auf die eins ertönen lässt. Der vorletzte Takt steht noch einmal in der Dominante mit Fsus4, wobei die Solovioline mit den hohen Bläsern diesen Akkord arpeggiert in der weiten Lage mit g beginnend in kurzen Achteln in einer Aufwärtsbewegung zum Grundton der Tonika, b hinführt, untermalt von den Hörnern 1 und 4, die von der Terz a der Dominante zu der Terz der Tonika, d, einen Sekundlauf in Sechzehnteln absolvieren. So nimmt das Scherzo des Violinkonzerts ein triumphales und heroisches Ende. Die „Dämonen" scheinen nach ihrem Tanz siegessicher einen Kampf aufzunehmen. Diese Vermutung wird in Anbetracht der darauffolgenden Passaglia bestätigt, welche den „rhythmischen Puls" des Schicksalsmotivs „aus Beethovens Fünfter Sinfonie trägt"[10].

---

10 Wolkow, Solomon (2004): Stalin und Schostakowitsch. Der Diktator und sein Künstler. 1. Auflage. Berlin: Ullstein Buchverlage GMBH, S. 339

4   Schlusswort

Die Widersprüche in Schostakowitschs Wesen und Leben lassen sich in diesem Konzert sehr gut nachvollziehen. Zwei langsame, getragene Sätze stehen zwei schnellen, tänzerischen gegenüber. Tragik, Gedankenspiele, Pathos und Niedergeschlagenheit münden in Komik, Bedenkenlosigkeit, Sarkasmus und Hoffnung. Chaos steht einer klaren Strukturierung gegenüber.

Im besonderen Zusammenhang mit dem Charakter des Konzertes ist die Beziehung des Komponisten zu seinem Diktator in der Entstehungszeit desselben zu betrachten. So überschüttete Stalin Schostakowitsch Anfang 1946 mit Geschenken, welche Letzterer beschloss abzulehnen, sich jedoch nach der Erkenntnis, dass er seinen Herrscher dadurch wütend machen könne, zu einem ungewollten Dankesschreiben überreden ließ. Ein Beispiel unter vielen für die Gespaltenheit Schostakowitschs, der sich nun von Stalin beobachtet fühlte und „jederzeit einen Schlag gegen sich erwartete."[11] Diese Gegensätzlichkeit, dieses absurde Gefühl des Wandelns zwischen Freund und Feind wird im Scherzo des Violinkonzertes auf die, in der Analyse dargelegten Art und Weise deutlich. Die Ironie des Gebens und Nehmens gipfelt im Sarkasmus des zweiten Satzes. Doch neben dem hin und her gerissen Sein in der Beziehung zu seinem Diktator, scheint Schostakowitsch zuweilen in sich selbst zu versinken, die Solovioline reflektiert seine Gedanken und Überlegungen in Monologen und nimmt ab und an den Kampf gegen die treibenden und unnachgiebigen „Dämonen" auf, welche meiner Meinung nach das Regime unter Stalin darstellen. Doch immer wieder verliert sie die Schlacht. Oft steht der Solist allein dem Orchester gegenüber, wie Schostakowitsch dem Staat: machtlos, jederzeit unterdrückbar. Er ist ein Spielzeug Stalins und fühlt sich in der ihm angedichteten Rolle des parteitreuen Komponisten zusehends unwohl.

Dass er sich trotz allem dem Willen Stalins unterordnet wird in der Übernahme der Themen aus dem Orchester und dem sich immer wieder Einfügen in dasselbe deutlich. Daraus resultiert ein Wechselspiel zwischen Unterwürfigkeit und Aufbegehren, Einordnung und Ausbrechen.

Dass das Violinkonzert einen Spiegel der Situation Schostakowitschs in den Jahren um 1976 darstellt ist somit meiner Meinung nach eindeutig bewiesen. Es gelang ihm seine Emotionen und Meinungen darzulegen, ohne ein Wort zu sagen – nur durch die Musik.

---

11 Wolkow, Solomon (2004): Stalin und Schostakowitsch. Der Diktator und sein Künstler. 1. Auflage. Berlin: Ullstein Buchverlage GMBH, S. 338

Quellenverzeichnis

Meyer, Krzysztof (1980): Dmitri Schostakowitsch. Leipzig: Verlag Philipp Reclam

Meyer, Krzysztof (1983): Dmitri Schostakowitsch. Erfahrungen. Aufsätze, Erinnerungen, Reden, Diskussionsbeiträge, Interviews, Briefe. Leipzig: Verlag Philipp Reclam

Meyer, Krzysztof (1995): Dmitri Schostakowitsch. Sein Leben, sein Werk, seine Zeit. Taschenbuchausgabe 1998. Mainz: Schott Musik International

Streller, Friedbert (1982): Dmitri Schostakowitsch. für Sie porträtiert. Leipzig: VEB Deutscher Verlag für Musik

Wolkow, Solomon (2004): Stalin und Schostakowitsch. Der Diktator und sein Künstler. 1. Auflage September 2006. Berlin: Ullstein Buchverlage GMBH

2. Sinfoniekonzert, Saison 2008/2009. Theater Plauen-Zwickau, Programmheft

http://www.schostakowitsch.de/ [Stand: 03.10.2011]

http://en.wikipedia.org/wiki/Violin_Concerto_No._1_(Shostakovich) [Stand: 02.10.2011]